MICHAEL SCHMIDT

Michael Schmidt

Snoeck

LEBENSMITTEL

Für F.

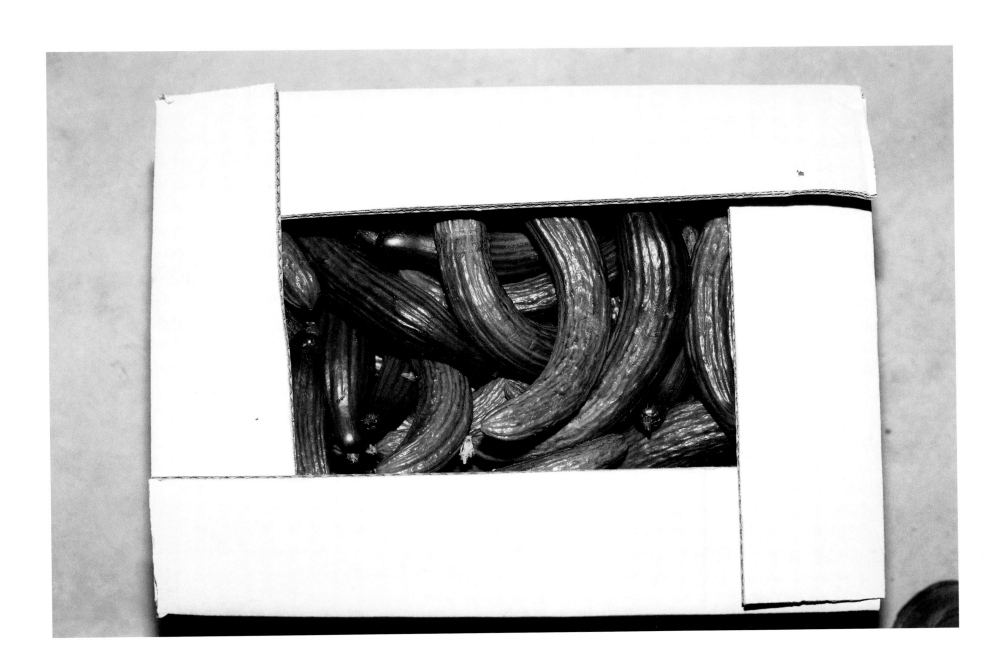

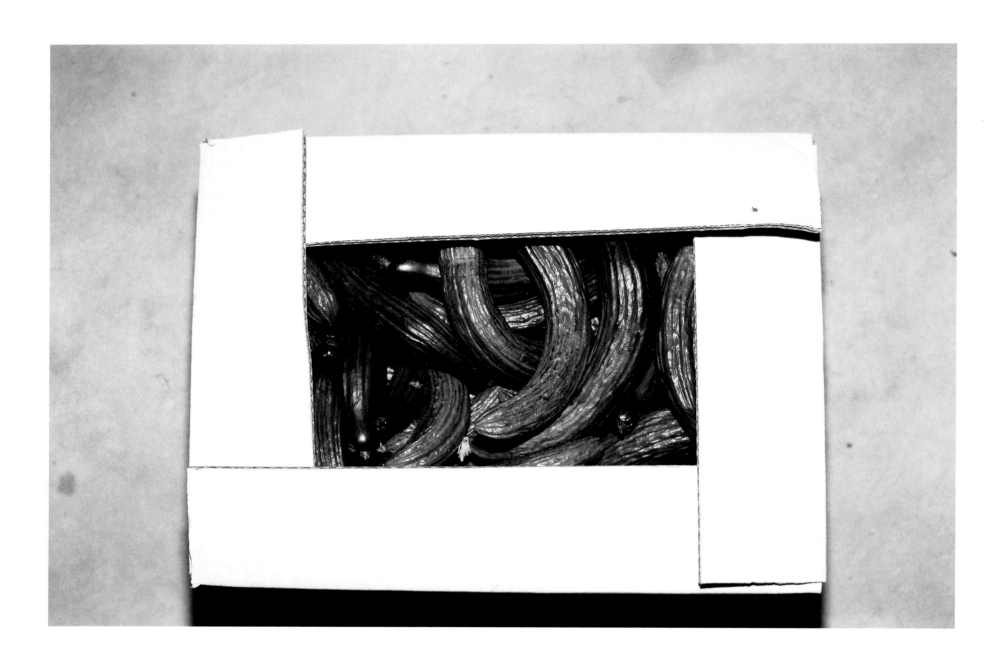

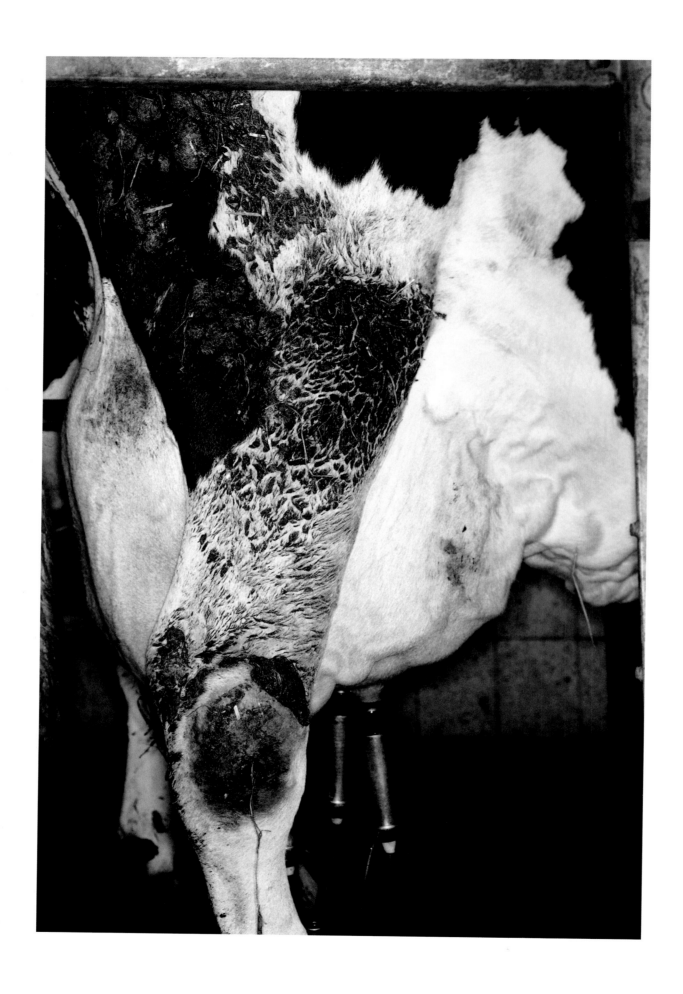

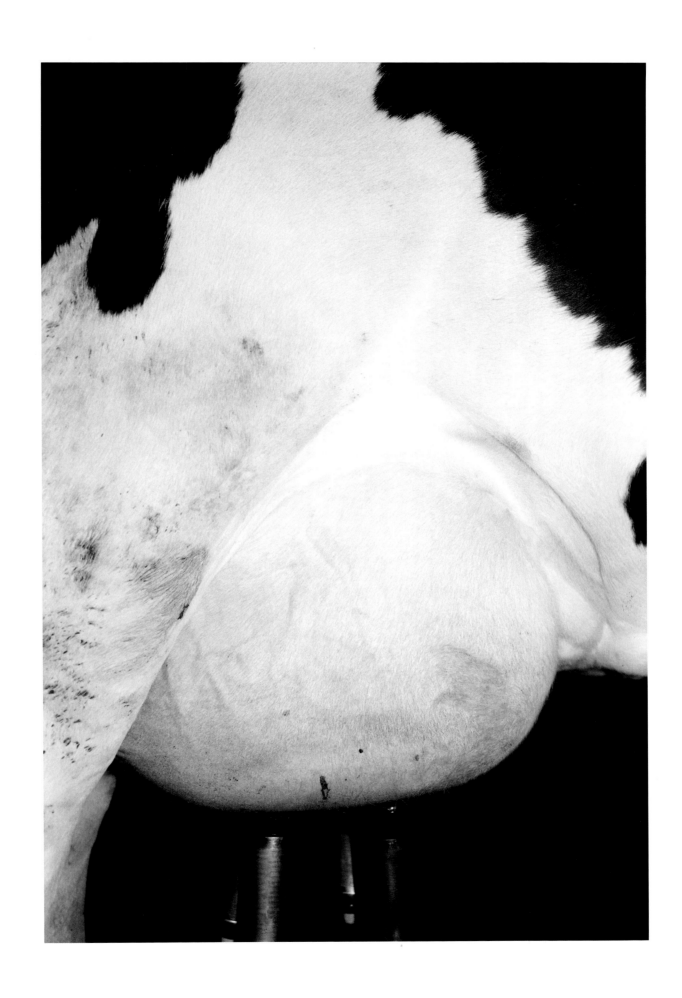

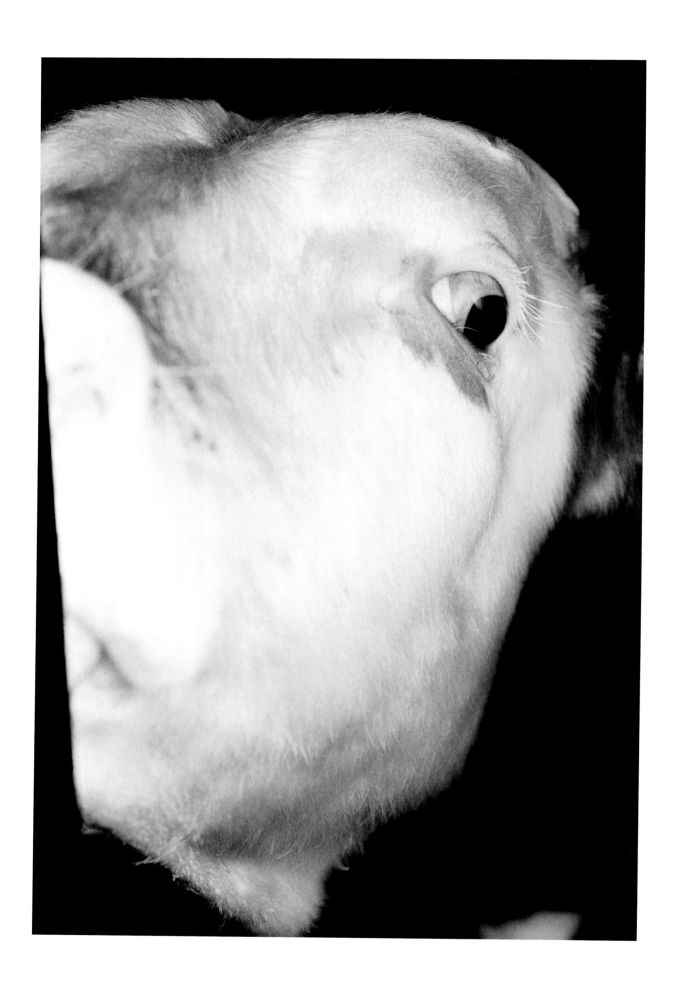

LATO DA APRIRE

FRAGILE

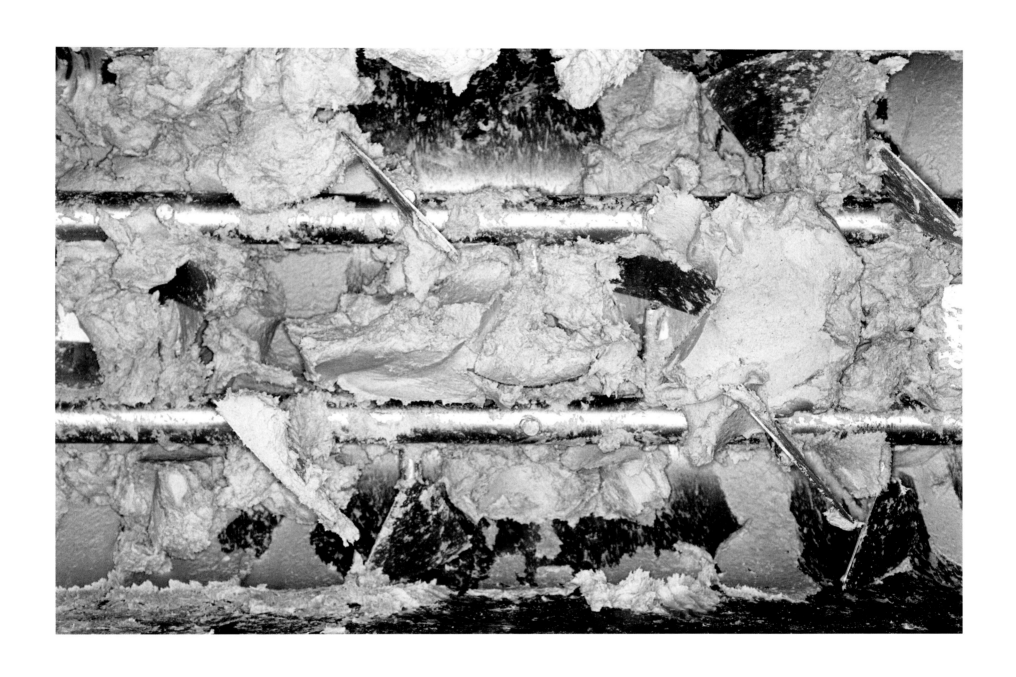

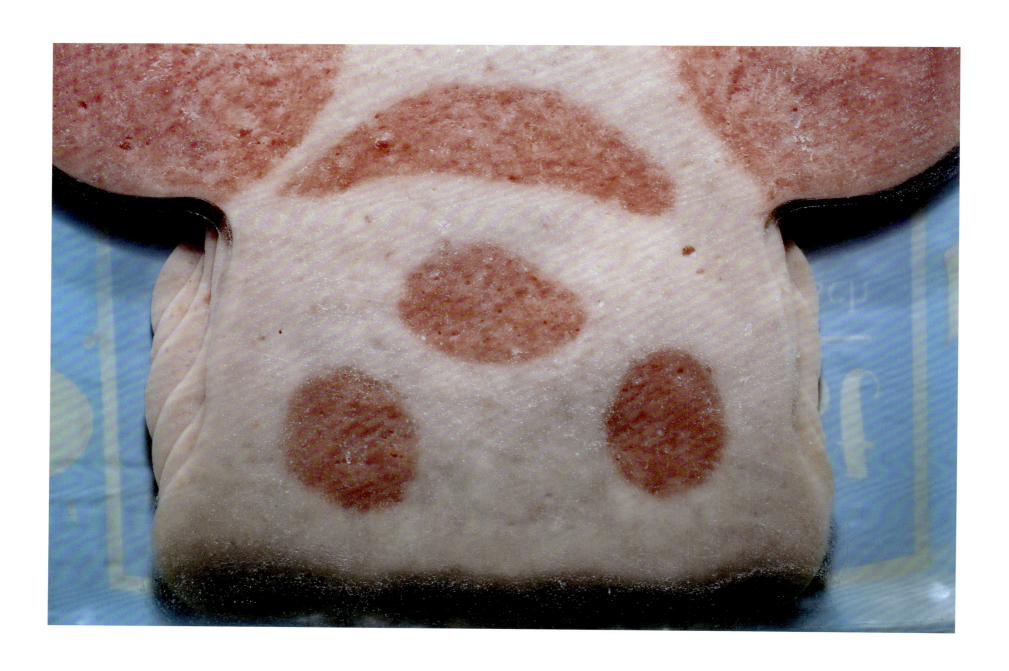

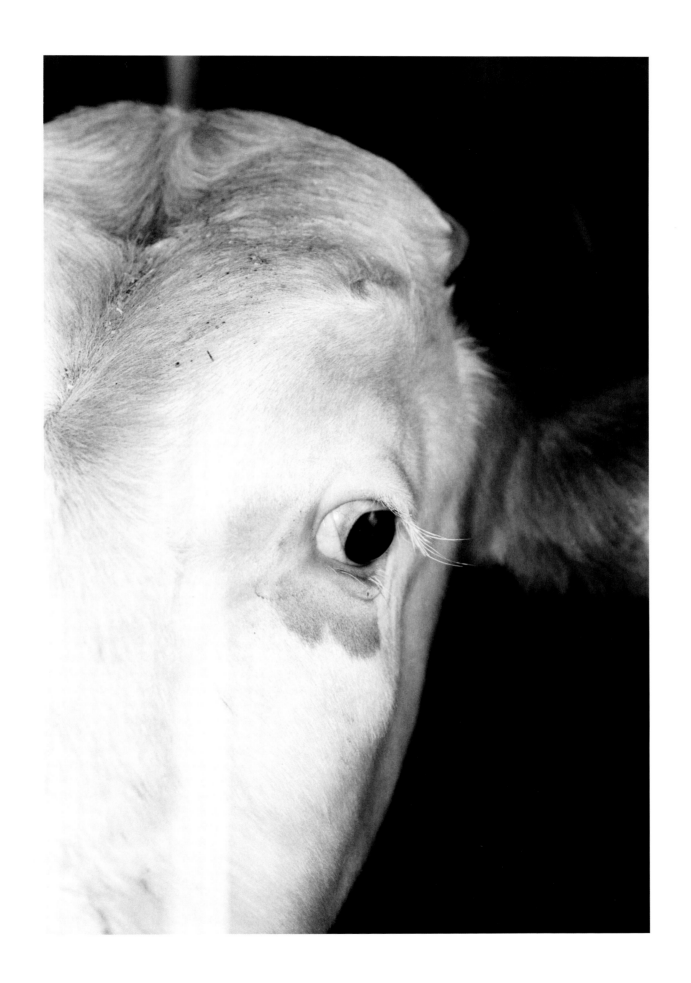

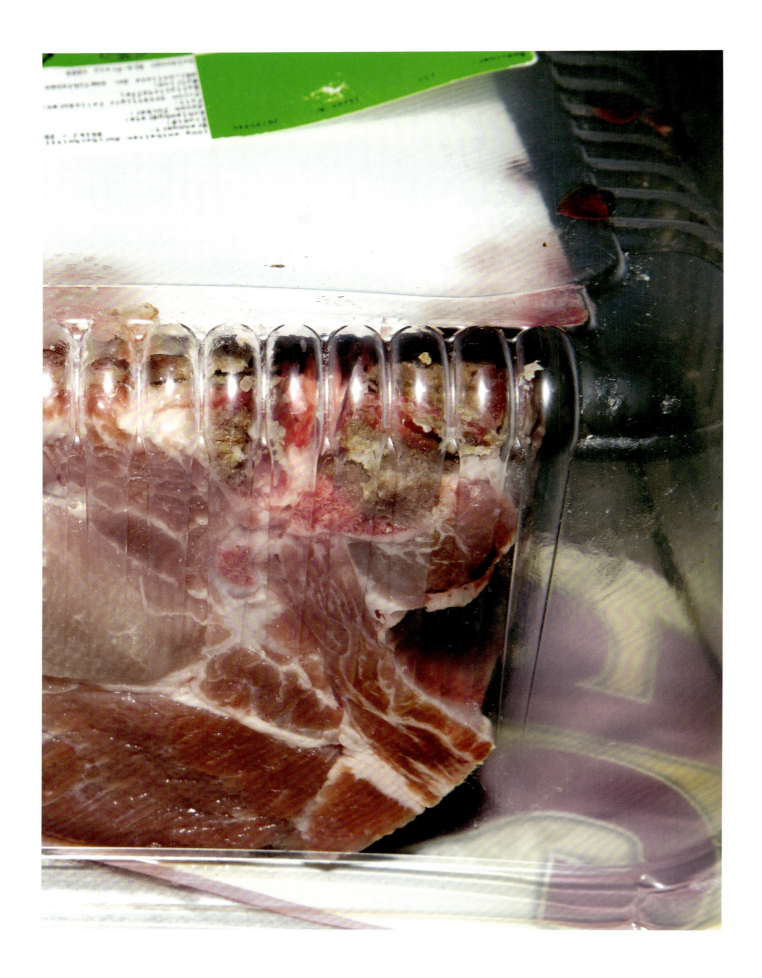

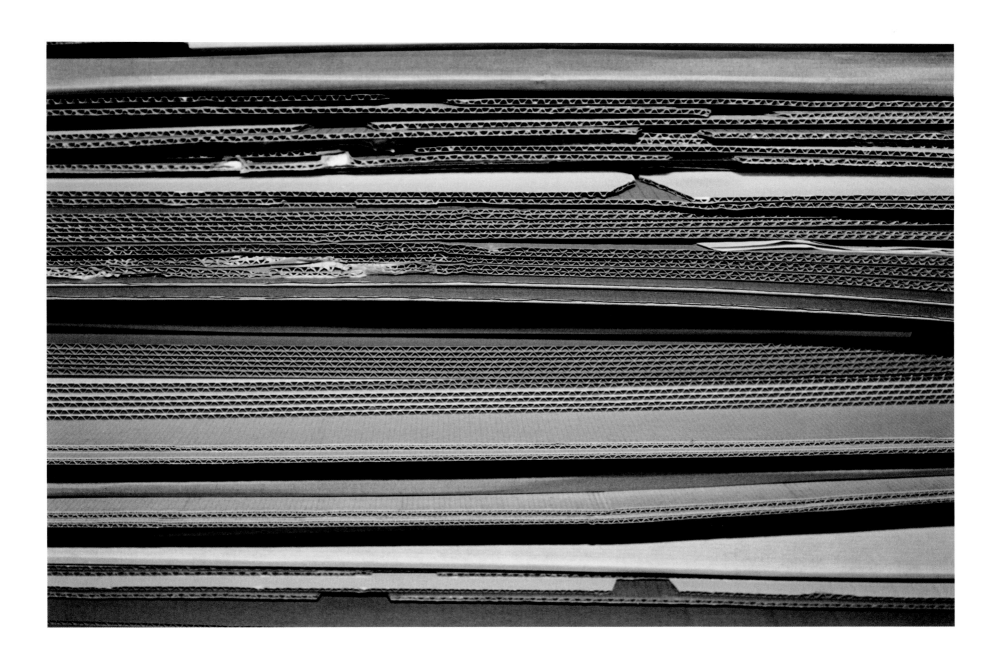

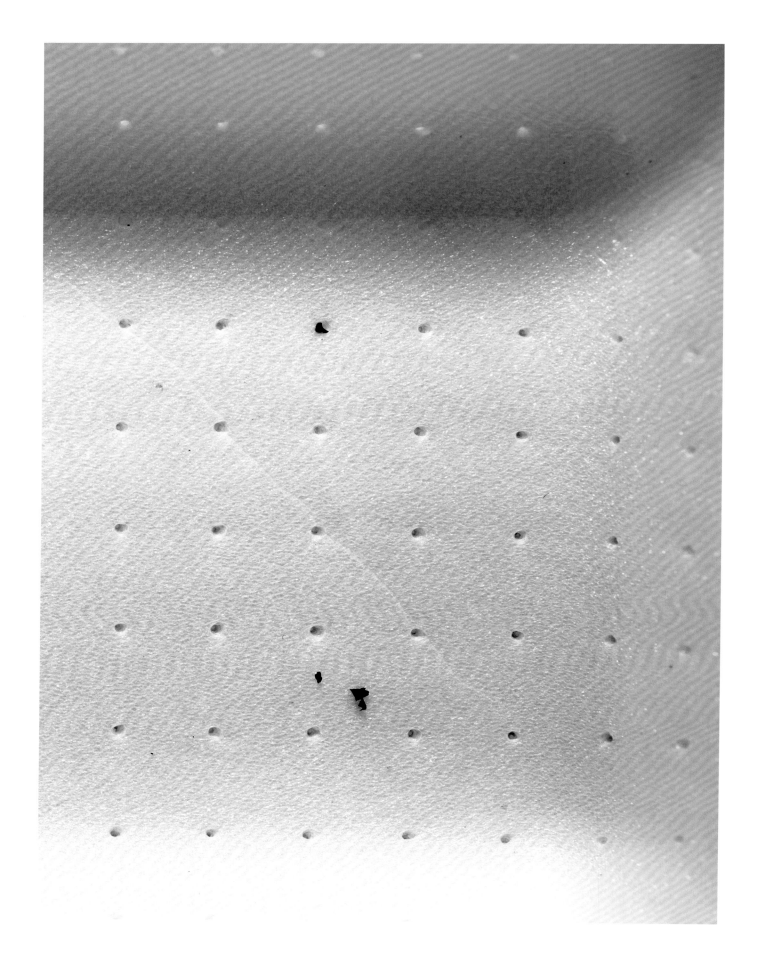

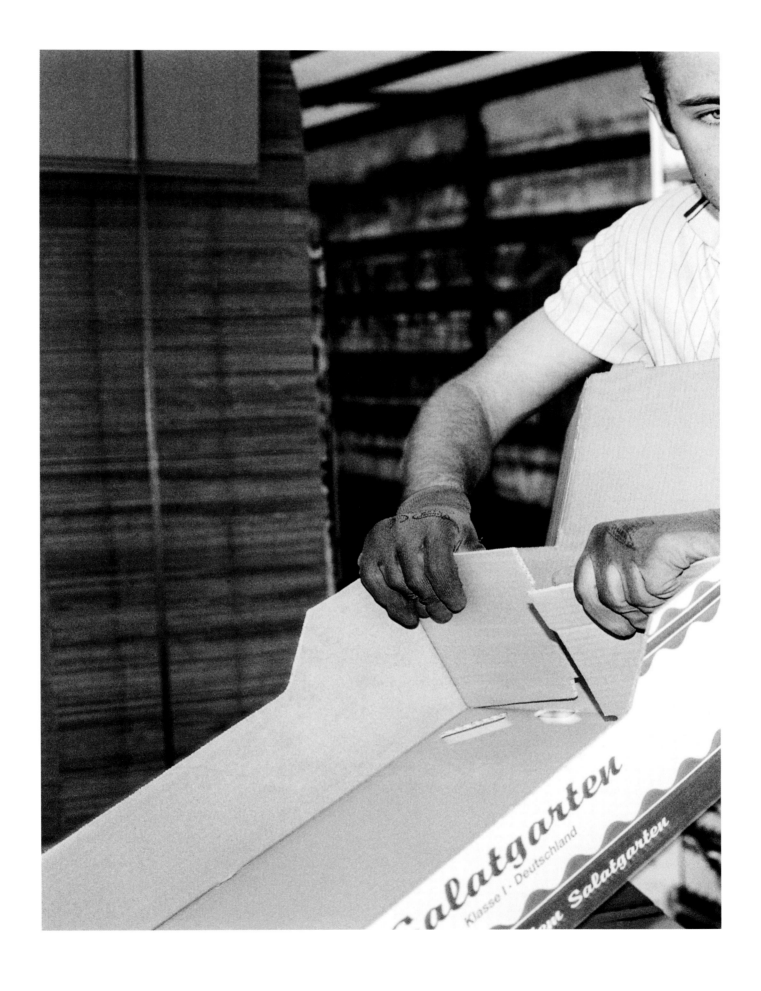

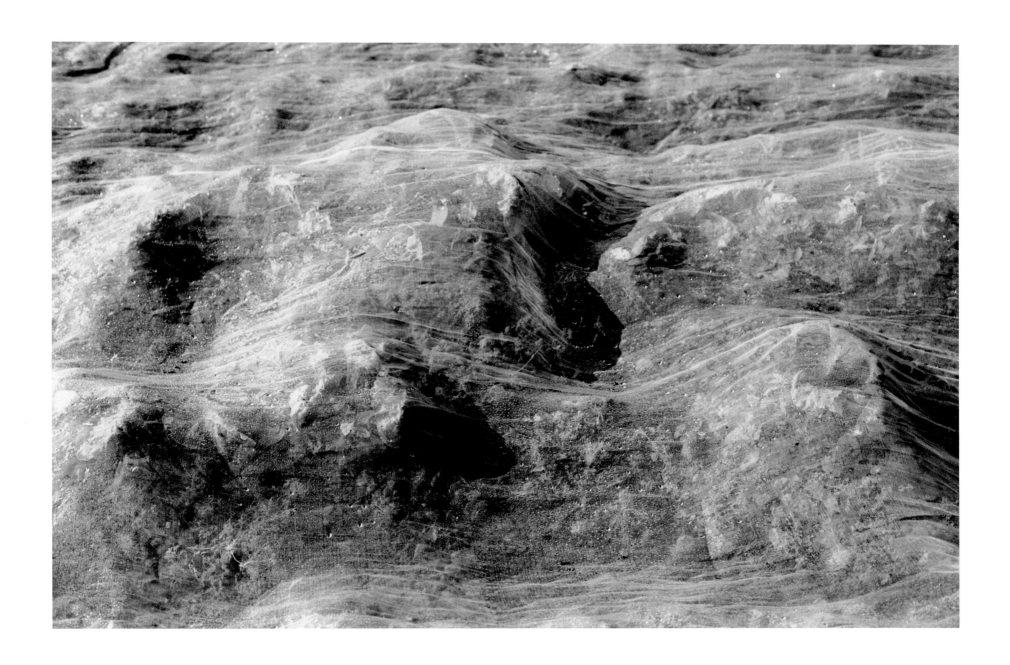

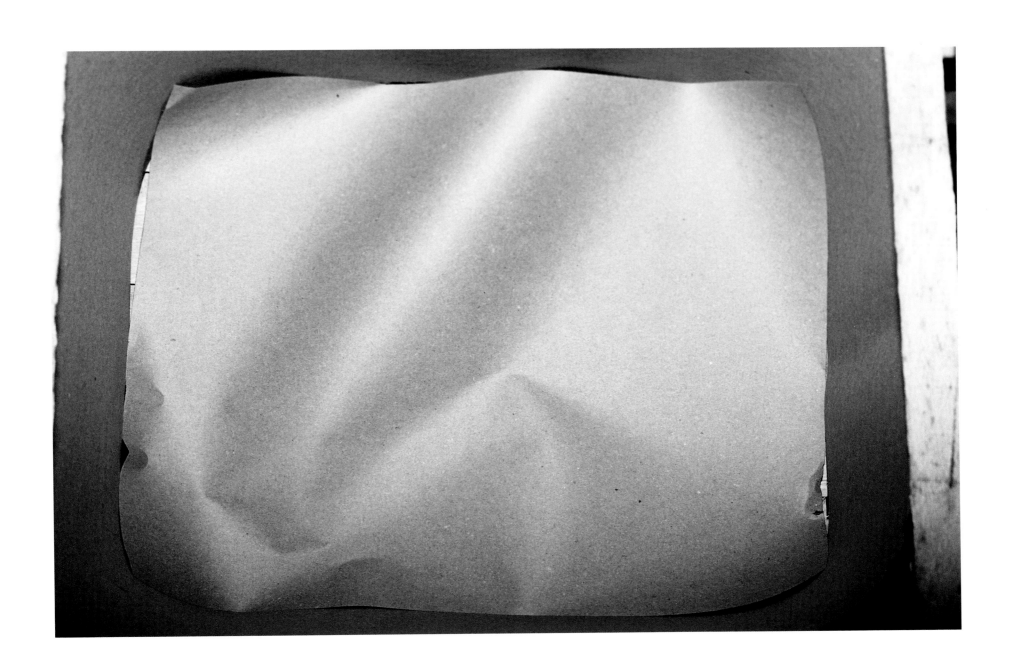

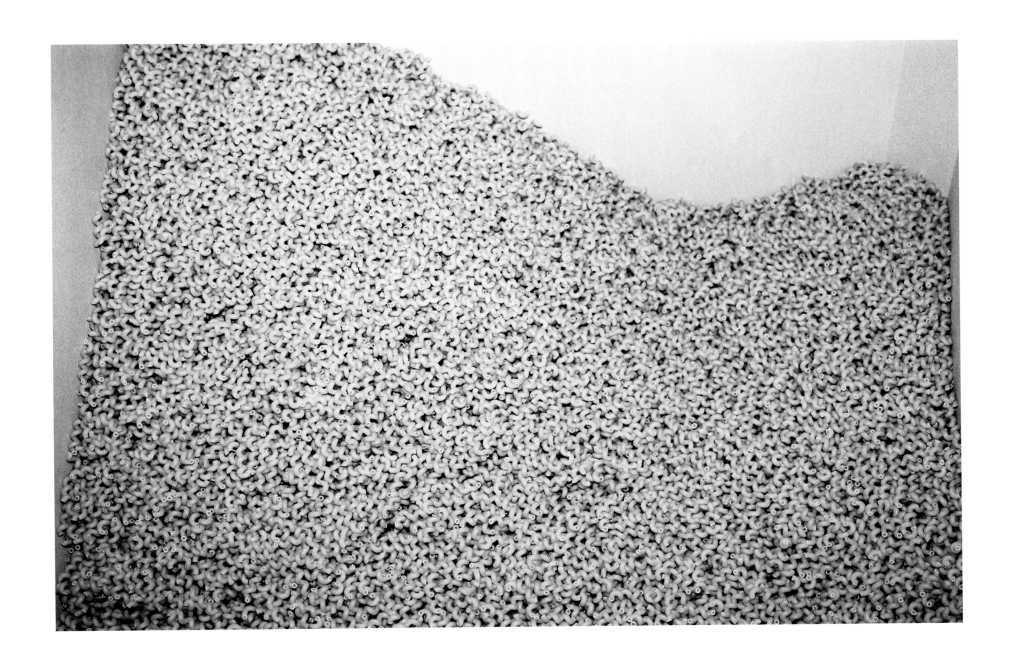

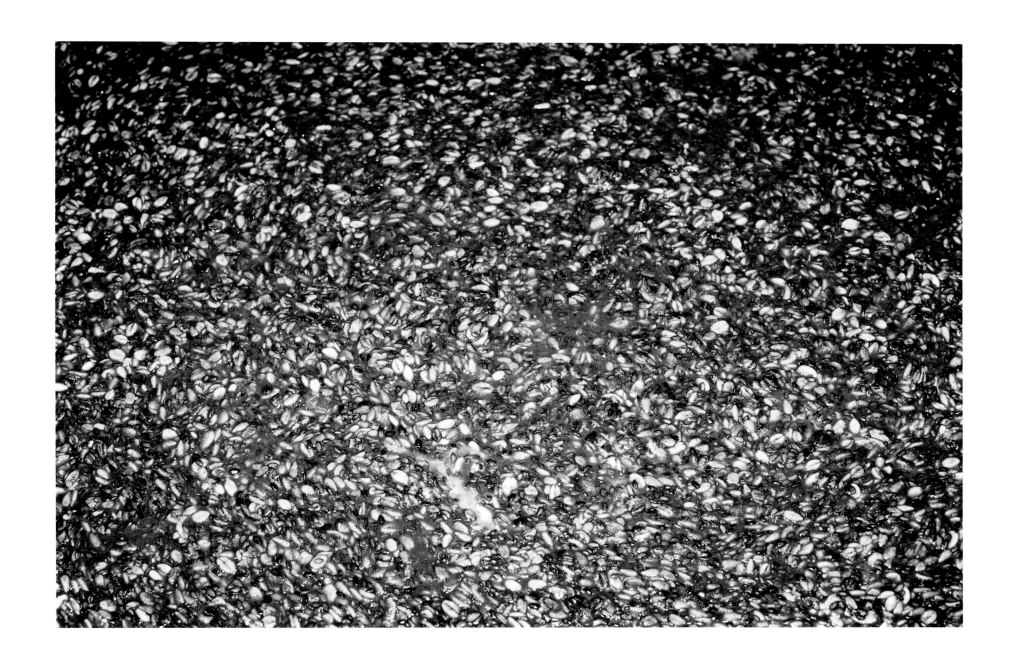

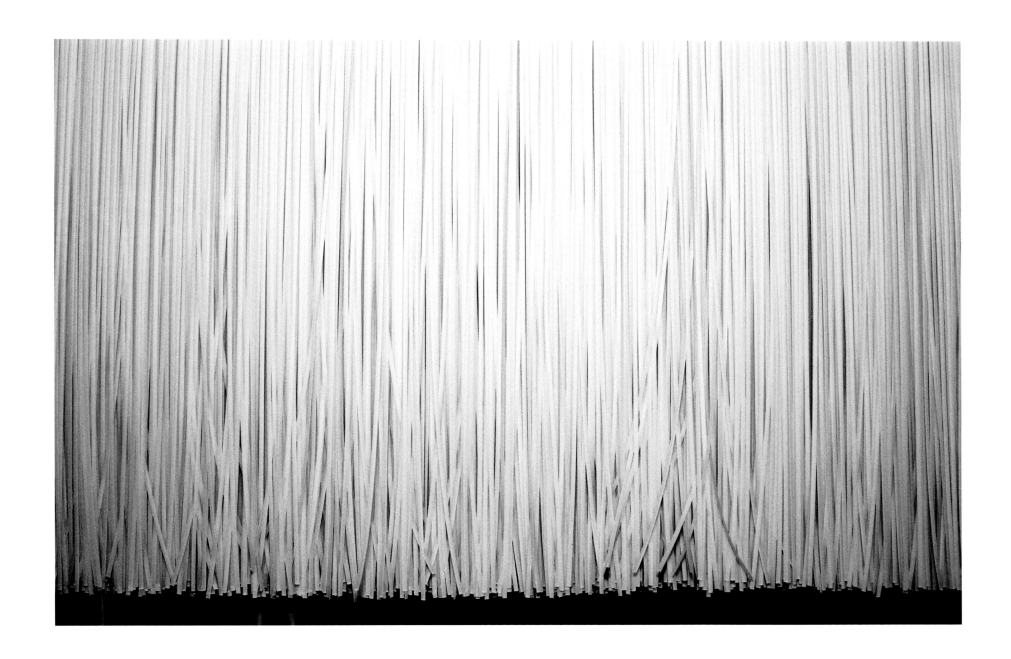

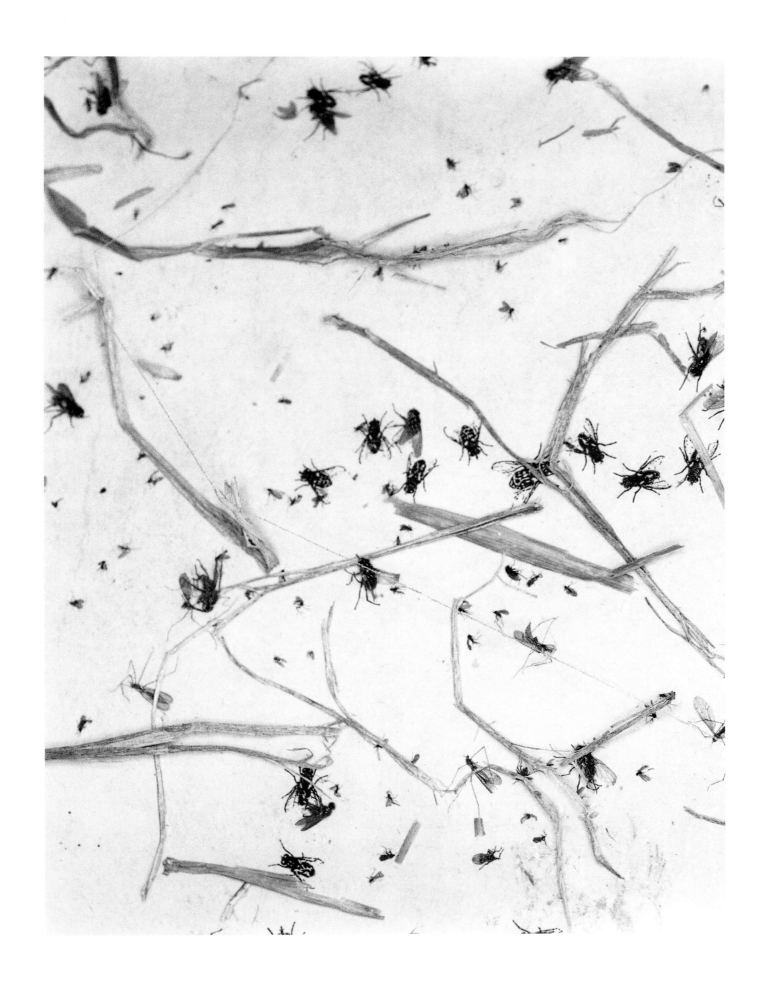

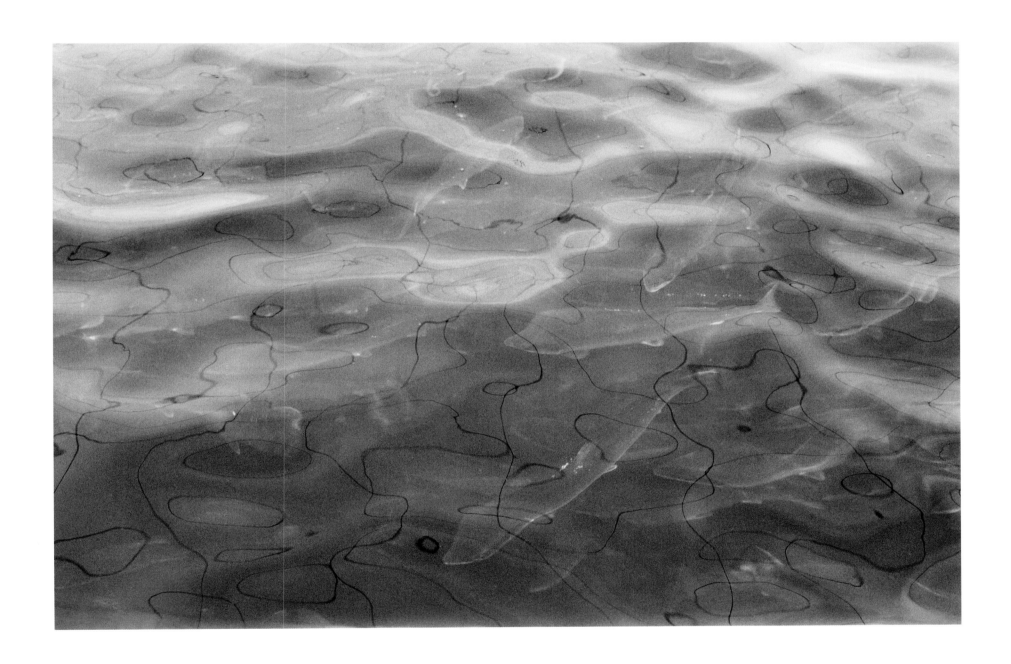

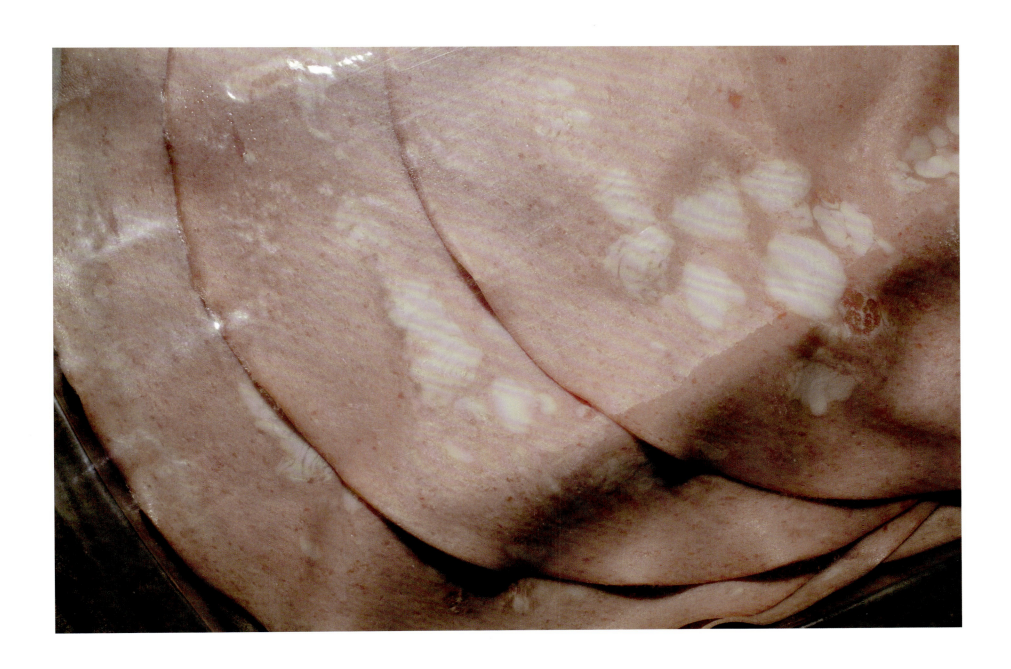

Ingrediënten: Suiker, glucose-fructosestroop, water, gelatine, geleermiddel: pektin, aroma's, stabilisatoren. E337, E452i, voedingszuur: appelzuur, citroenzuur, kleurstoffen: E104, E133, maiszetmeel. Kan sporen van soja en melk bevatten. MARSHMALLOWS MED FRUKTFYLL · Ingredienser: Sukker, glukose-fruktose-sirup, vann, gelatin, fortykningsmiddel: pektin, aromastoffer, stabilisatorer: E337, E452i, syre: eplesyre, sitronsyre, farger: E104, E133, stivelse av mais. Kann inneholde spor av soya og melk. MARSHMALLOWS MED FRUKTFYLLNING · Ingredienser: Socker, glukos-fruktos-sirap, vatten, gelatin, geleringsmedel: pektin, smakämnen, stabiliseringsmedel: E337, E452i, syror: äppelsyra, citronsyra, färgämnen: E104, E133, majsstärkelse. Kan innehålla spår av soja och mjölk. MARSHMALLOWS MED FRUGTFYLD · Ingredienser: Sukker, glucose-fructosesirup, vand, gelatine, geleringsmiddel: pektin, aromaer, stabilisatorer: E337, E452i, syre: æblesyre, citronsyre, farvestoffer: E104, E133, majsstivelse. Kan indeholde spor af soja og mælk. VAAHTOMAKEISET HEDELMÄTÄYTTEINEN · Ainekset: Sokeri, glukoosifruktoosisiirappi, vesi, liivate, sakeuttamisaine E440, aromi, stabilointiaineet: E337, E452i, happamuudensäätöaine: happamuudensäätöaine E296, sitruunahappo, värit: E104, E133, maissitärkkelys. Saattaa sisältää pieniä määriä soijaa ja maitoa. MARSHMELLOWS Z WYPEŁNIENIEM OWOCOWYM · Składniki: cukier, syrop glukozowo-fruktozowy, woda, żelatyna, substancja żelująca: pektyna, aromaty, stabilizatory: E337, E452i, zakwaszacze: kwas jabłkowy, kwas cytrynowy, barwniki: E104, E133, skrobia kukurydziana. Może zawierać ilości śladowe soji i mleka. MARSMELOU S OVOCNOU NÁPLNÍ · Složení: Cukr, glukózovy-fruktózový sirup, voda, želatina, želírující prostředek: pektin, přírodně identické aroma, stabilizátory: E337, E452i, okyselovací prostředky: kyselina citronová, barviva: E104, E133, kukuřičný škrob. Může obsahovat stopy sóji a mléka. MARSHMALLOWS Z OVOCNIM POLNILOM · Sestavine: Sladkor, glukozni-fruktozni-sirup, voda, želatina, sredstva za želiranje: pektin, arome, stabilizatorji: E337, E452i, sredstvo za nakisanje: jabolčna kislina, citronska kislina, barvila: E104, E133, koruzni škrob. Lahko vsebuje sledi soje in mleka. MARSHMALLOWS S OVOCNOU NÁPLŇOU · Zloženie: Cukor, glukózovo-fruktózový sirup, voda, želatína, želírujúca látka: pektín, aróma, stabilizátory: E337, E452i, kysliace látky: kyselina jablčná, kyselina citrónová, farbivá: E104, E133, kukuričný škrob. Môže obsahovať stopy sóje a mlieka. MARSHMALLOWS GYÜMÖLCSTÖLTELÉKKEL · Cukor, glukóz-fruktóz-szirup, víz, zselatin, zselésítőanyag: pektin, aromák, stabilizátorok: E337, E452i, savanyítóanyag: almasav, citromsav, színezék: E104, E133, kukorica keményítő. Nyomokban szóját és tejet tartalmazhat. MARSHMALL

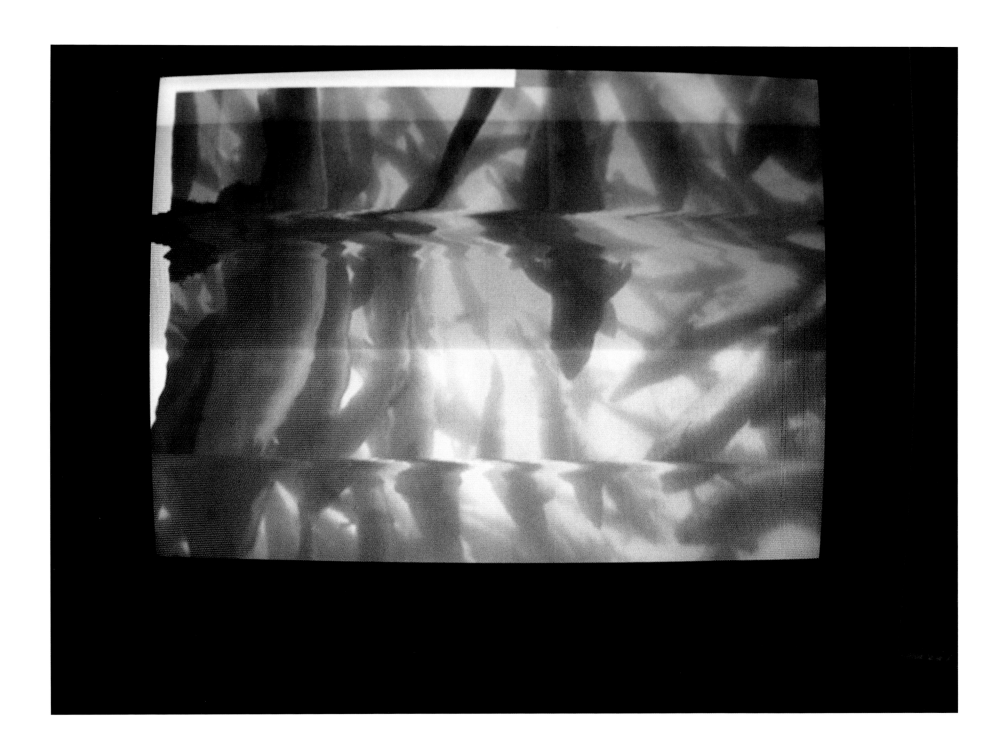

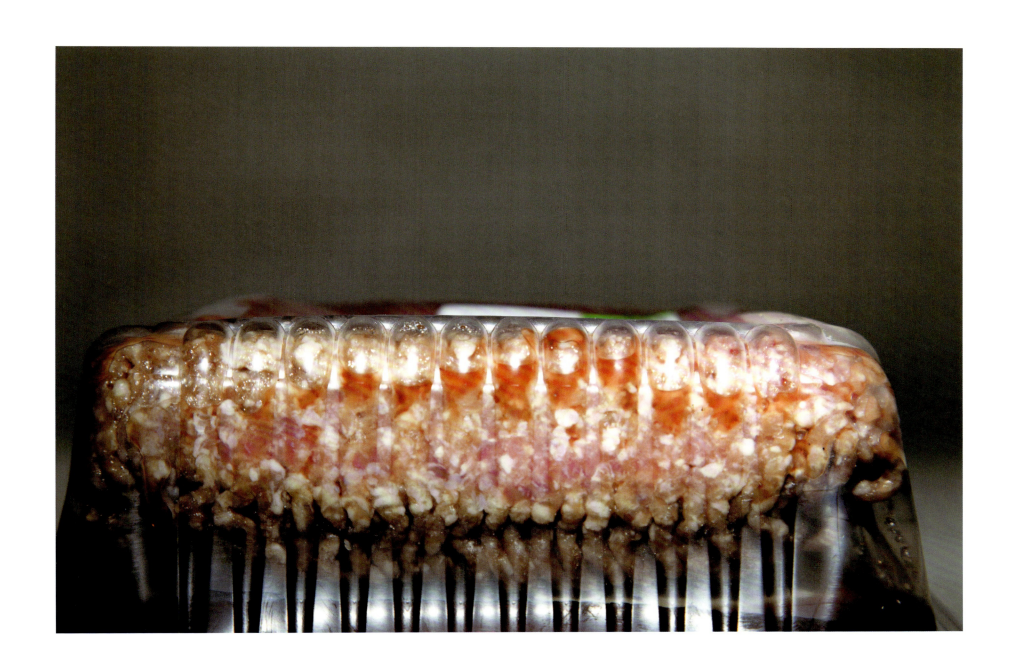

Cervelo

Zutaten:
Schweinefleisch, jodiertes Speise
Dextrose, Gewürze (mit Sellerie, S
mittel: Natriumascorbat, Ascorbin
Natriumnitrit, Rauch.

Stockmeyer GmbH,
48333 Sassenberg   L77

Mindestens haltbar bis: 24.11

Grundpreis	Gewicht am Tage der Einwaage	Betr
€/kg 4,49	0,298 kg	1,34

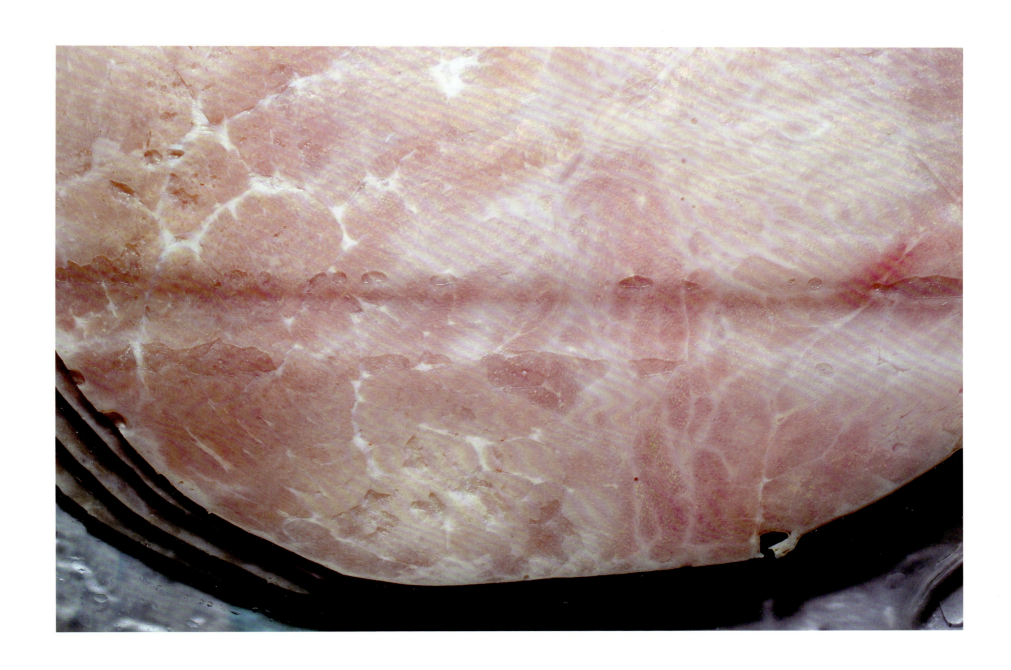

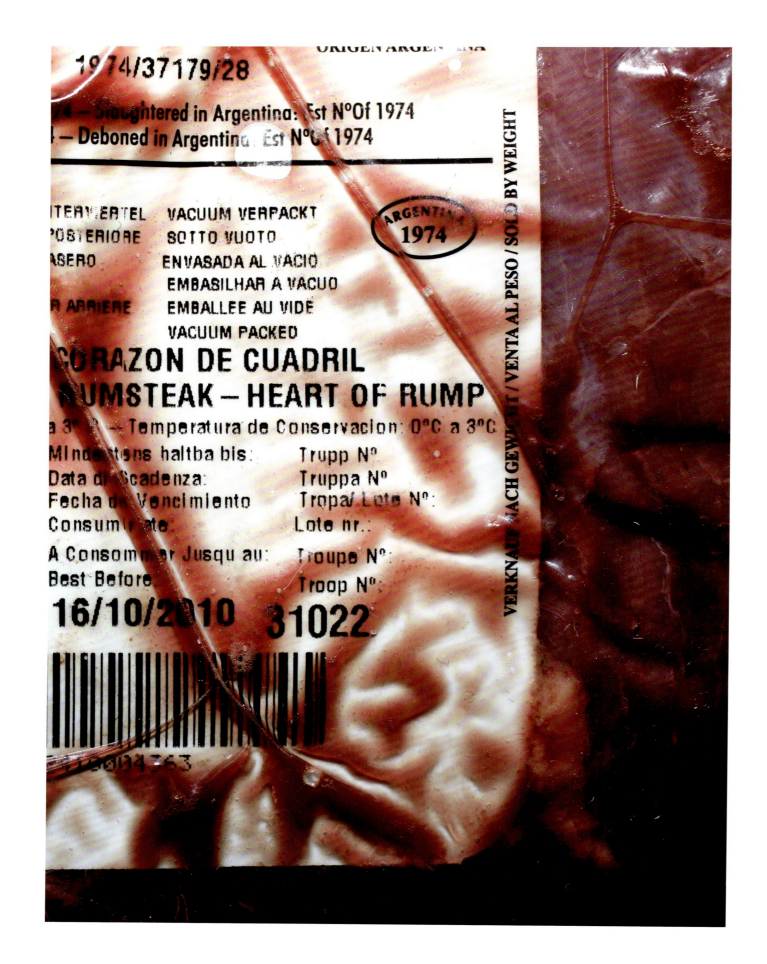

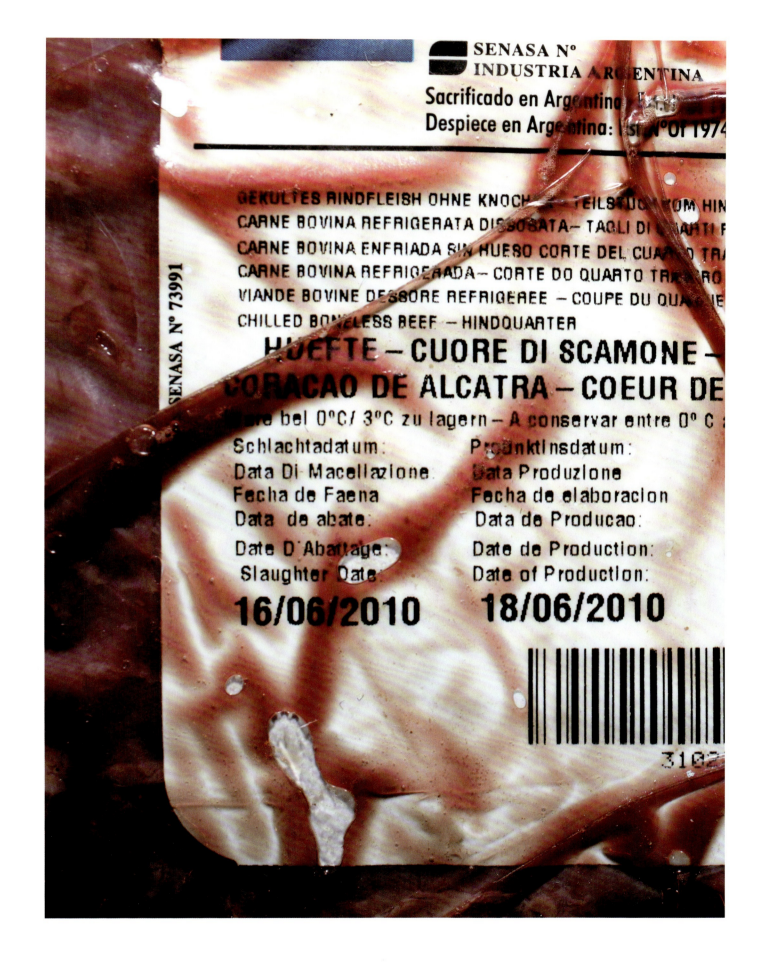

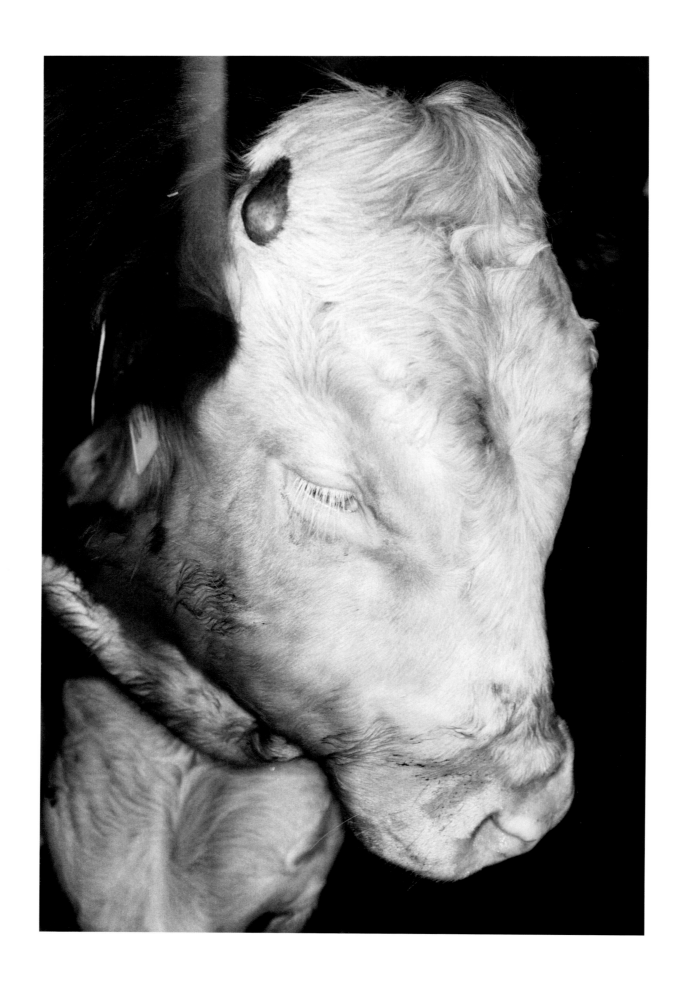

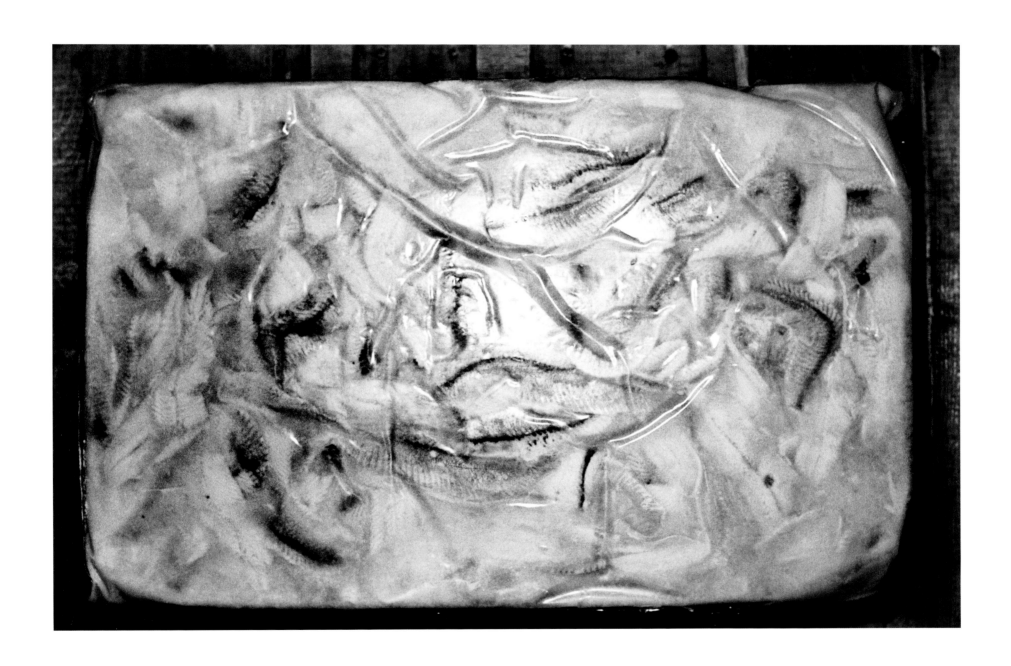

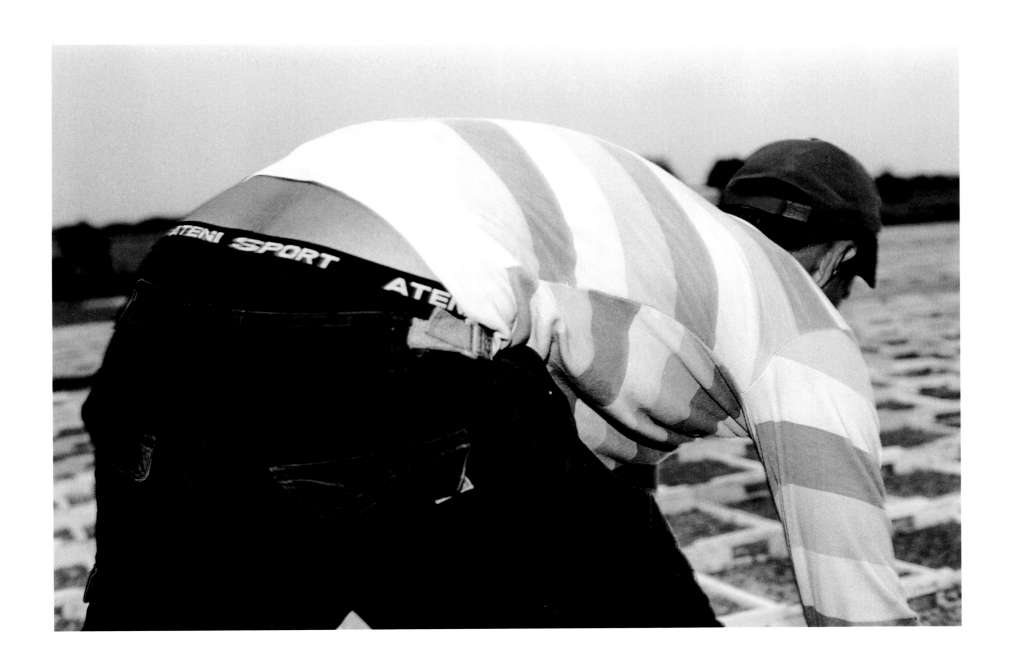

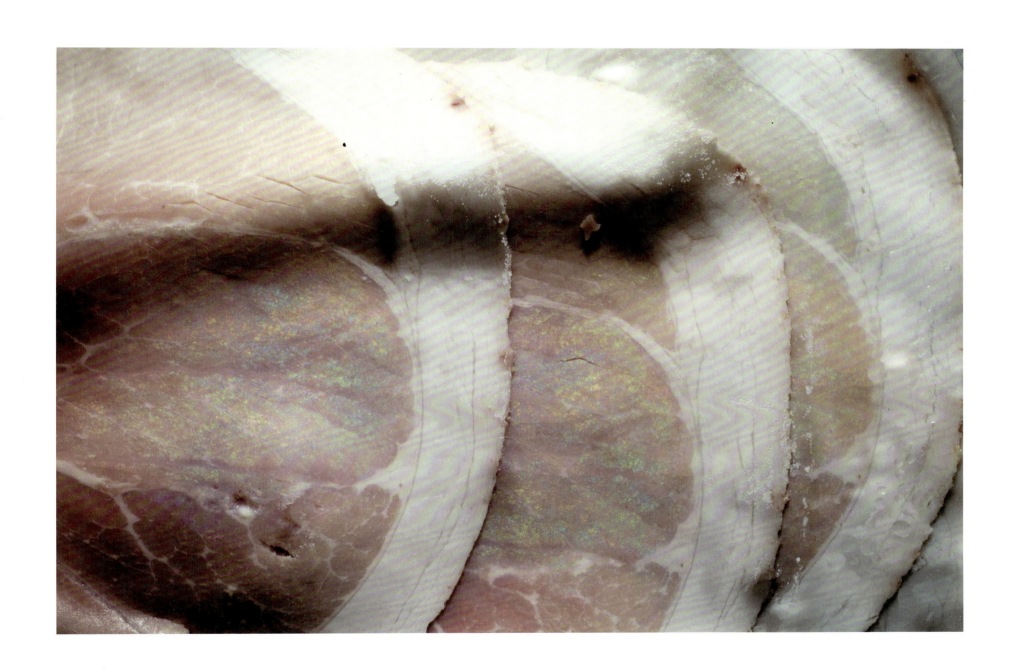

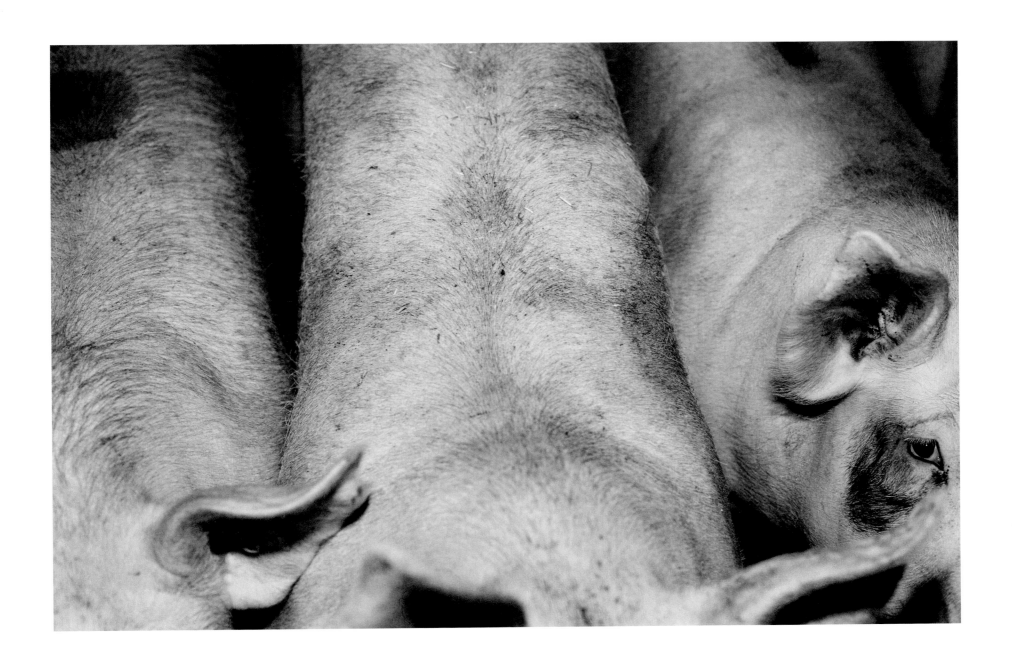

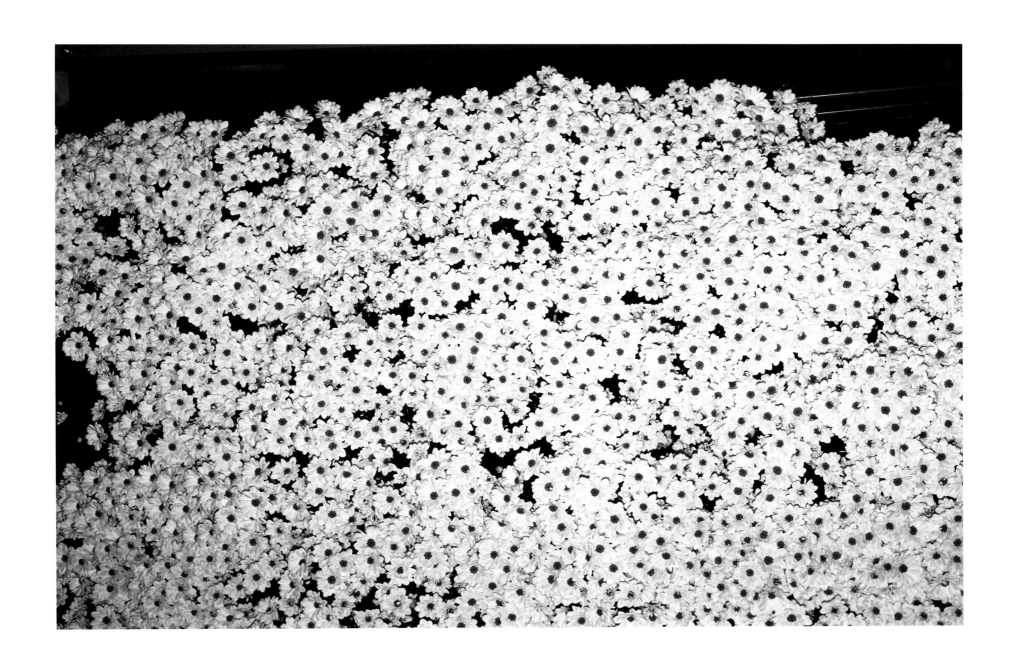

Ich danke dem Vorstand und dem Kuratorium der Stiftung für Fotografie und Medienkunst: Gunter Dunkel, Janos Frecot, Peter Galassi, Rolf Gerlach, Heinrich Haasis, Björn Hoppenstedt, Dietrich Hoppenstedt, Heike Kramer, Michael Kroos, Thomas Weski.

Dank an den Sparkassen-Kulturfonds des Deutschen Sparkassen- und Giroverbandes für die Unterstützung des Künstlerbuches LEBENSMITTEL.

Ich danke allen Produzenten, die mich in ihren Betrieben fotografieren ließen und denen ich Anonymität zusicherte und dabei bleibt es auch.

Danken möchte ich Laura Bielau, die viele Kontakte herstellte und die mich engagiert als Assistentin auf 26 Reisen in Europa begleitete und dem kompletten Projekt zur Seite stand.

Ohne das persönliche Engagement von: Gunter Dunkel, Heinrich Haasis, Hans-Michael Heitmüller und Dietrich Hoppenstedt wäre dieses Projekt nicht realisierbar gewesen.

Meinen herzlichen Dank auch an Rosemarie Fechner für die Laborarbeit, Christoph Drange, Sven Eggers, Gunnar Lüsch, Andreas K. Schulze für ihre Mitarbeit an diesem Projekt.

Einen speziellen Dank an Christiane Rothe, die es immer wieder versteht meine Intentionen drucktechnisch umzusetzen.

Des Weiteren meinen Respekt und Dank an: Andreas Balze, Christina Busin, Laurenz und Robert Berges, Hans-Jürgen Bonack, Gyonata Bonvicini, Thomas Demand, Michael Fried, Peter Galassi, Monika Hallbaum, Markus Hawlik, Markus Heinzelmann, Adrie Huisman, Jonas Kirchner, Heike und Jörg Kramer, Conny Maschke, Winfried Mateyka, Lena Mozer, Claes Nordenhake, Peter de Rooden, Claudia Sorhage, Thomas Weski und meiner Frau Karin für ihre Unterstützung.

Michael Schmidt, Jahrgang 1945
lebt und arbeitet in Berlin und Schnackenburg.

Die Bilder dieses Buches entstanden in den Jahren 2006–2010.
Das komplette Projekt umfasst 177 Fotografien, nummeriert nach der Reihenfolge
des Buches und ist 2011 als Edition in einer Auflage von 5 + 1 AP aufgelegt worden.

Diese Publikation erscheint anläßlich der Ausstellung
MICHAEL SCHMIDT. LEBENSMITTEL
Museum Morsbroich, Leverkusen 4. März – 13. Mai 2012
Galerie im Taxispalais, Innsbruck 15. Juni – 26. August 2012
Martin-Gropius-Bau, Berlin 12. Januar – 1. April 2013

Herausgeber: Markus Heinzelmann
Gesamtherstellung: DruckConcept, Berlin
Gestaltung: Michael Schmidt
Typografie: Kühle und Mozer, Köln
Litho: NovaConcept, Berlin
Gedruckt in Novaton

Copyright 2012
Michael Schmidt für Buch und Bilder,
Snoeck Verlagsgesellschaft mbH, Köln für diese Ausgabe
Für den Handel sind 1.000 Exemplare aufgelegt.

Snoeck Verlagsgesellschaft mbH
Kasparstraße 9–11, 50670 Köln
www.snoeck.de
ISBN 978-3-940953-93-3

Printed in the EU

Museum Morsbroich
Gustav-Heinemann-Straße 80, 51377 Leverkusen, Deutschland
Telefon: +49 (0)214/85556-0, Telefax: +49 (0)214/85556-44
E-Mail: museum-morsbroich@kulturstadtlev.de
www.museum-morsbroich.de

Direktor: Markus Heinzelmann
Stellvertretender Direktor, Kurator grafische Sammlung
und Fluxus: Fritz Emslander
Kuratorin Sammlung Malerei und Skulptur: Stefanie Kreuzer
Verwaltung: Uwe Rheinfrank, Angelika Greb, Angela Hoogstraten
Sekretariat: Claudia Leyendecker
Haustechnik und Ausstellungsaufbau: Thomas Gattinger, Wolfgang Gierden

Galerie im Taxispalais
Galerie des Landes Tirol
Maria-Theresien-Straße 45, 6020 Innsbruck, Österreich
Telefon: +43 (0)512/508 3171, Telefax: +43 (0)512/508 3175
E-Mail: taxis.galerie@tirol.gv.at
www.galerieimtaxispalais.at

Direktorin: Beate Ermacora
Kurator, Marketing: Jürgen Tabor
Kuratorische Assistenz, Presse: Lotte Dinse
Kuratorische Assistenz, Bibliothek: Julia Brennacher
Ausstellungstechnik: Tobias Weißbacher und Team
Buchhaltung: Brigitte Hofer
Empfang: Renate Sparl
Kunstvermittlung: Manon Megens, Alexandra Puchner

Martin-Gropius-Bau
Niederkirchnerstraße 7, 10963 Berlin, Deutschland
Telefon: +49 (0)30/254860, Telefax: +49 (0)30/25486107
E-Mail: post@gropiusbau.de
www.gropiusbau.de

Berliner Festspiele: Thomas Oberender, Intendant
Martin-Gropius-Bau: Gereon Sievernich, Direktor
Sekretariat: Sandra Müller, Julia Wagner
Ausstellungsmanagement / Registrar: Sabine Hollburg, Filippa Carlini,
Ann-Kathrin Käde, Elena Montini
Kommunikation: Susanne Rockweiler, Ellen Clemens, Katrin Mundorf
Vertrieb: Carlos Rodríguez Artavia, Sandra Schmidt
Technisches Büro: Bert Schülke, André Klose, Dan Leopold, André Merfort,
Saleh Salman, Thorsten, Seehawer, Michael Wolff

Veranstalter	Gefördert durch
Martin Gropius Bau	Der Martin-Gropius-Bau wird gefördert durch Der Beauftragte der Bundesregierung für Kultur und Medien aufgrund eines Beschlusses des Deutschen Bundestages

Gefördert durch die
KULTURSTIFTUNG DES BUNDES

Gefördert durch

Finanzgruppe
Sparkassen-Kulturfonds

Lebensmittel - Food